Vincent Pfäfflin
Querbeet durch Deutschland

PIPER

Zu diesem Buch

Was kann man in Deutschland alles erleben, wenn man es als Gemüse bereist? Vincent Pfäfflin bietet in seinem absurden Reiseführer die wichtigsten Antworten auf diese schräge Frage. Er zeigt Deutschland aus der einzigartigen Perspektive von Spargel, Kartoffel oder Sellerie und beschreibt dabei Sehenswürdigkeiten, erklärt gemüse-historisches Hintergrundwissen, verrät Insider-Trends und gibt natürlich auch Party-Tipps für junges Gemüse.

Vincent Pfäfflin ist Street-Art-Künstler und Stand-up-Comedian aus Berlin. Aufgewachsen in Amerika, sind ihm viele deutsche Eigenschaften bis heute fremd. Diese Erlebnisse der dritten Art verarbeitet er in seinen Gemüseinstallationen vor dem Berliner Reichstag und auf seiner Solo-Deutschlandtour mit dem Comedy-Programm »Nicht mehr ganz so dicht«.
www.vincentpfaefflin.de

Vincent Pfäfflin

QUERBEET DURCH DEUTSCHLAND

Zwei Kartoffeln bereisen die Republik

PIPER

EINLEITUNG

Deutschland ist Kartoffelland. Dass dieses Alleinstellungsmerkmal ganz besondere Abenteuer ermöglicht, zeigen Vincent Pfäfflins einzigartige Erinnerungsfotos von Gemüsereisenden. Denn es gibt hier mehr zu erleben, als in einer Kochbeutelpackung für Halb-und-Halb-Knödel zu landen, zu Pommes zerhackt zu werden oder als Kartoffelbrei in Mensatellern zu vertrocknen. Denn Kartoffeln gibt es überall, und egal, ob rotschalig, festkochend, halbmehlig oder Süßkartoffel – jede Sorte ist dazu eingeladen, allerhand zu entdecken!

D

ABENTEUER IN MITTELDEUTSCHLAND

D

WEITEN ENTDECKEN

Die sächsische Schweiz
bietet sich für wunderbare
Ausritte auf Bananenpferden an.

Weiter geht's über die Elbe . . .

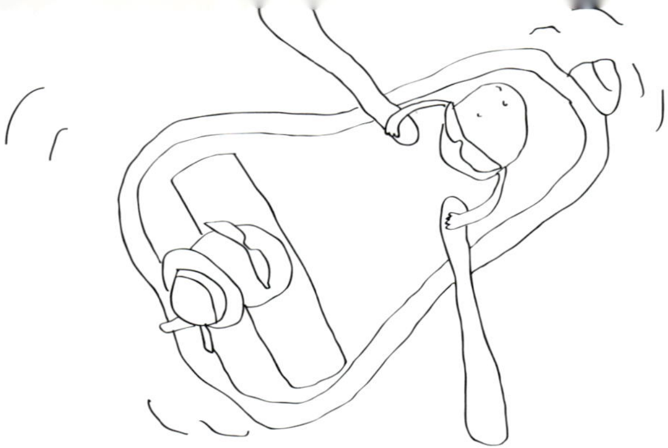

… an die Spree

Nicht nur für Frischverliebte ein Muss: romantische Bootsausflüge im Spreewald.

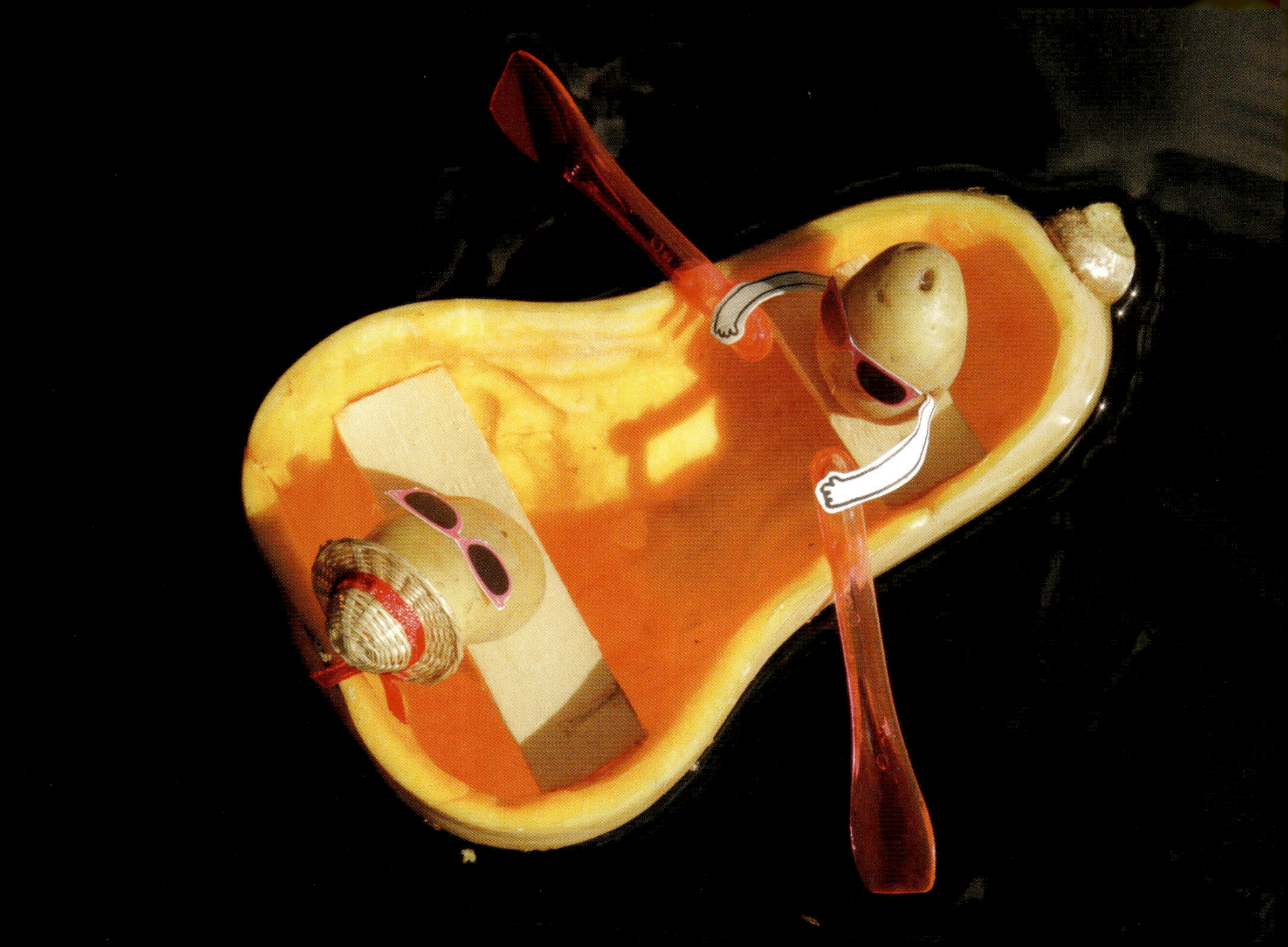

Für eine kleine Stärkung zwischendurch ist ebenfalls gesorgt.

Besuch bei den Einheimischen

Das saure Geheimnis der Spreewaldgurken liegt im monatelangen Gärbad in sumpfigem Spreewasser.

Sind die Gurken sauer
genug, erholen sie sich
beim Trocknen in der Sonne.

LOVE IS IN THE AIR

Auch andere südländische
Früchte lieben den Frühling.

SPARGELZEIT!

Sobald die ersten Sonnenstrahlen die Erde erwärmen, bringen sich die knackigen Spargel in Form.

Diese Sparageldamen bereiten sich auf die Spargelzeit vor, indem sie ihre Beine rasieren.

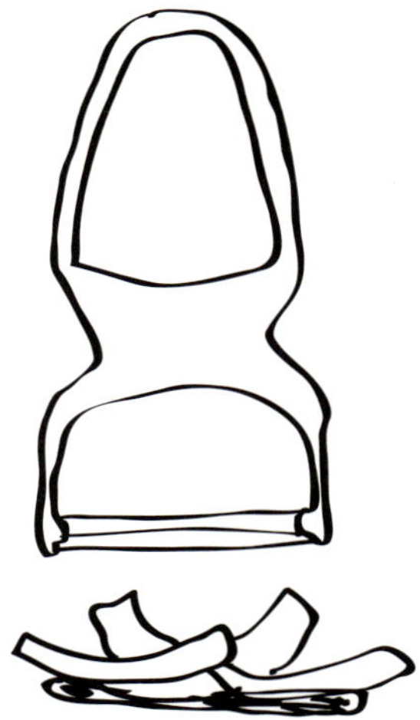

Zur Walpurgisnacht treffen sich seit Jahrhunderten

die Hexen im Harz und tanzen.

und keiner weiß genau warum.

H

Berlin …

... Heimat der alternativen Kartoffel

In Berlin kann man auch schon morgens um elf nette Gesellschaft für ein Feierabendbier finden.

... oder auf dem Tempelhofer Feld
trendigen Funsportarten nachgehen.

Berlinale!

Städtisches Wohnen mal anders:

Mit Urban Gardening erschließen sich Berliner Gemüse und Gemüsinnen den urbanen Raum.

In Berlin leben aber auch viele Haustierbesitzer.

Die meisten sind
interessanterweise Süßkartoffeln

Gurken werden eingesetzt, um die
Proteste vor freien Radikalen zu schützen.

Berlin ist aber
auch immer politisch

Solidaritätsbekundung für bessere Arbeitsbedingungen bei Mc Donald's.

... leider kam es zu ersten Opfern des Arbeitskampfes!

R.I.P.

DEM DEUTSCHEN VOLKE

Top ausgebildete Spezialkräfte schützen

in Berlin öffentliche Gebäude.

Ost-West-Verständigung

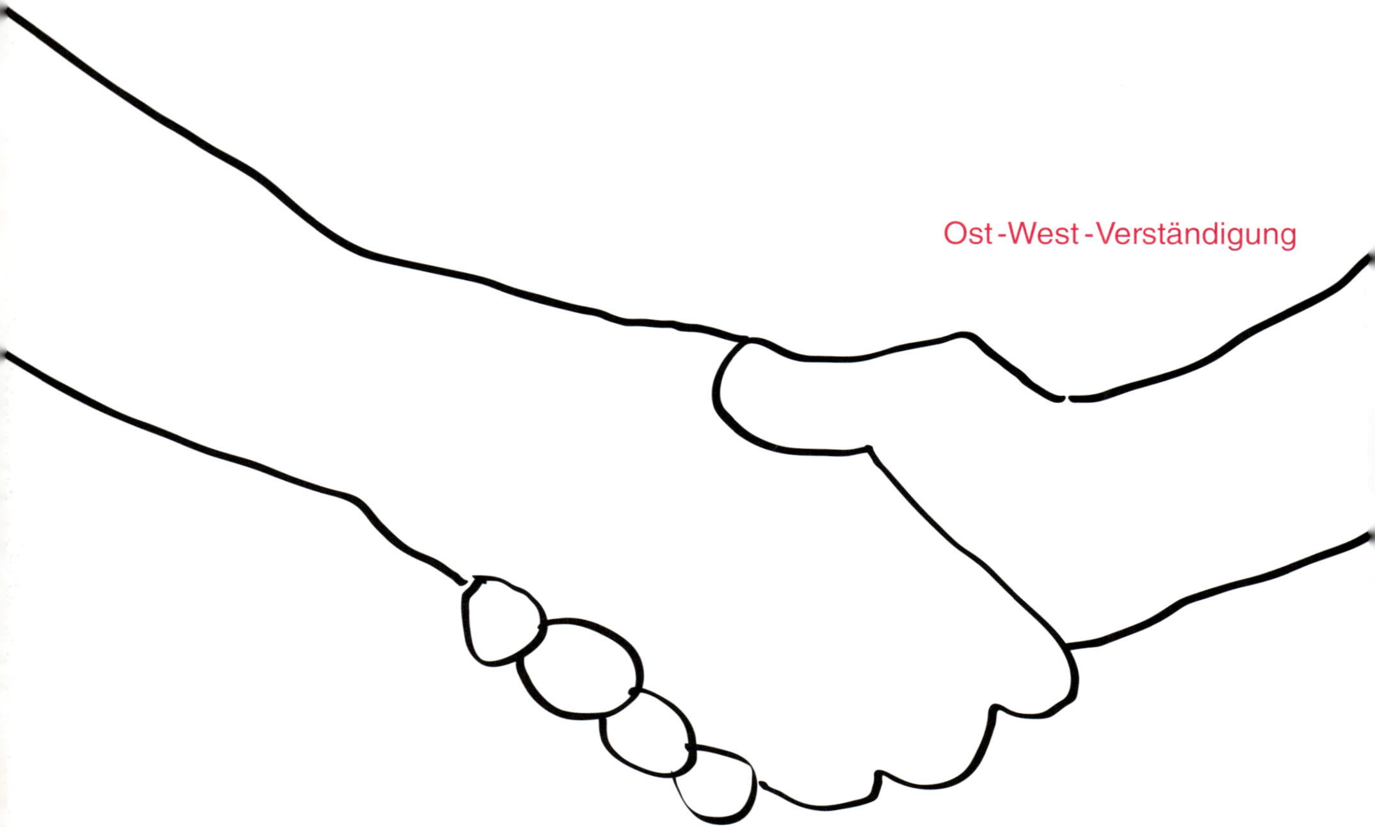

Historische Aufnahmen zeigen, wie
die Berliner Toast-Mauer früher Ost
und West voneinander trennte.

BAISE Qui
YAAM

Nach dem Fall der Mauer wurde Deutschland auch für exotische Südfrüchte endlich ein beliebtes Reiseziel.

BAISE Qui
YAAM

Auch das ist Berlin:

Überall wird gebaut

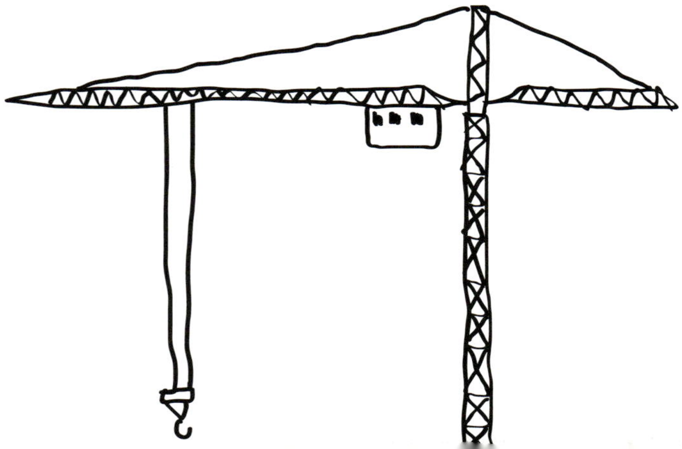

KURZER ZWISCHENSTOP IN HAMBURG

Auch an der Elbe gibt es ruhige Ecken.

Hapag-Lloyd

ENTSPANNEN AN NORD- UND OSTSEE

Die Weite der Gegend lädt zum Campen ein!

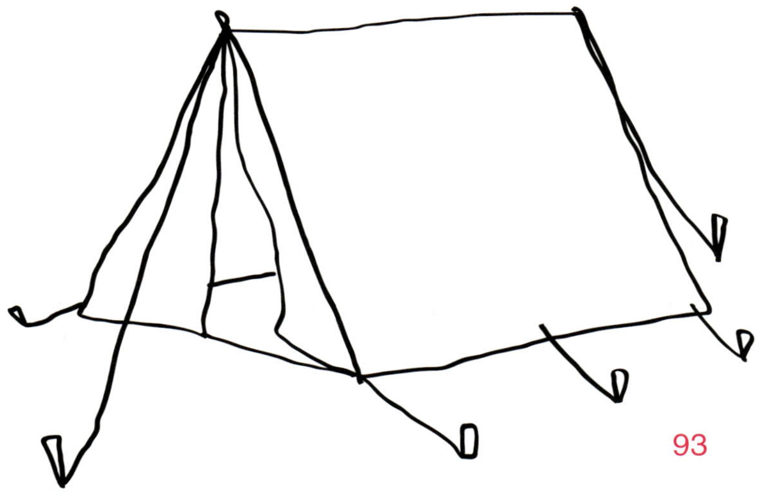

Was wäre der Sommer ohne Eis?

Gelati

... und was wäre ein deutscher Strand ohne Strandkörbe?

URLAUBSKASSE

Perfektes Wetter für Bratkartoffeln!

...oder eine Wattwanderung

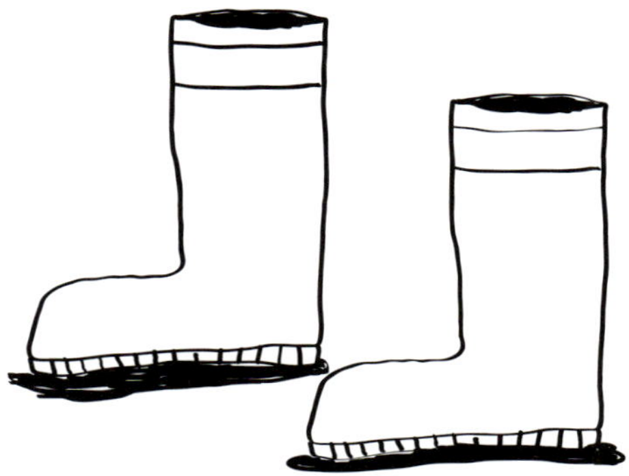

Für besonders Aktive gibt es das Kalksteinsurfcamp auf Rügen!

BRAUCHTUM IM NORDEN

Beim Heidefest putzen sich alle Kartoffeln mächtig heraus.

Der krönende Abschluss ist die Ernennung der Heidekönigin!

Abschiednehmen vom
Norden fällt schwer …

... ABER IM SÜDEN GEHT'S AUCH RUND!

Im Kölner Karneval kann jede Kartoffel auch mal Birne sein.

Weniger lustig:

Die Kehrwoche
in Baden-Württemberg.

Stand-Up Paddling
ist die Trendsportart
am Bodensee.

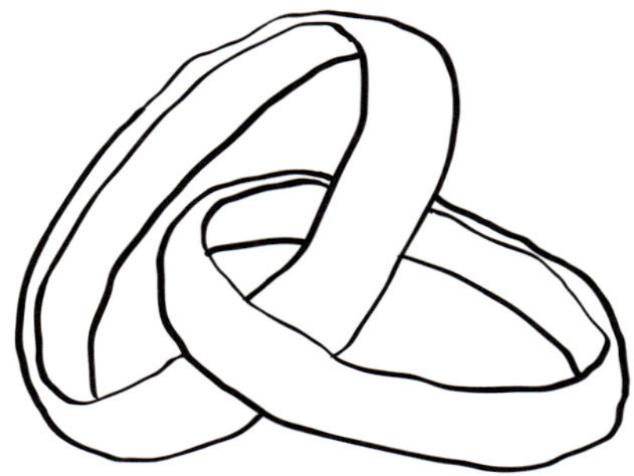

Achtung: Wer in eines der vielen „Bächle“ in der Freiburger Innenstadt tritt, muss eine Freiburger Kartoffel heiraten.

Auch die vielen
Radfahrer machen
die Stadt zu einem
gefährlichen Pflaster.

Die „Bächle“ eignen sich aber hervorragend für eine Runde Zitronenkajak.

ecco

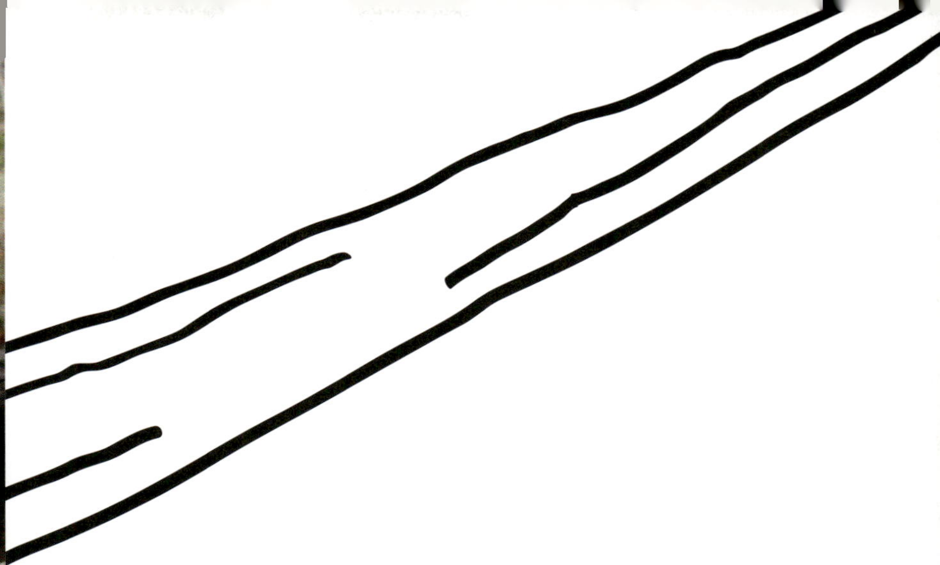

Der Blautopf. Bei den sparsamen Schwaben als wasserreichste Karstquelle beliebt.

WIR WANDERN WEITER NACH BAYERN.

Den Donaubruch kann man mit dem E-Bike erkunden.

Hoch hinaus geht es damit auch

für halbfeste Kartoffeln.

Ein einsamer
Schwan am Hopfensee.

DER GOLDENE HERBST ...

... bringt die Blätter im Bayerischen Wald zum Leuchten.

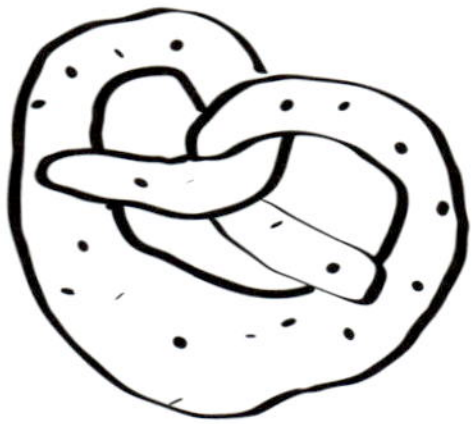

Und das Oktoberfest lässt sich natürlich keine Qualitätskartoffel entgehen!

Wem der Trubel zu groß wird,
der geht in Bayern „in die Schwammerl“.

Wirklich!

Das Erzgebirge ist besser als sein Ruf!

Elend
Stadt
Dippoldiswalde
Kreis Sächsische Schweiz
Osterzgebirge

30

DER WINTER IST DA!

... und man muss keinen Winterschlaf halten, denn

es gibt immer was zu tun!

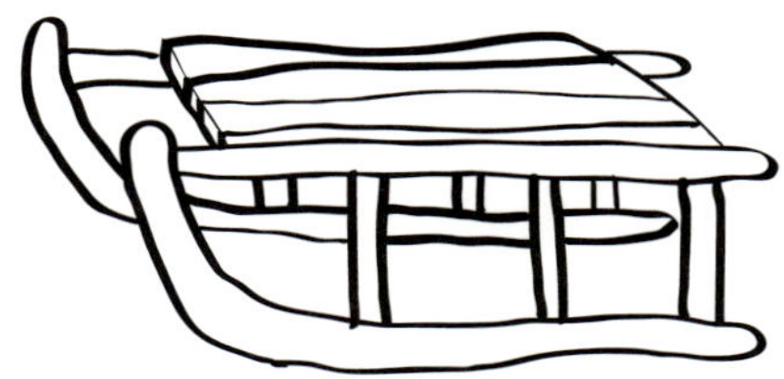

Im deutschen Winter sollte
man nie auf Schneeketten verzichten.

Im Winter verwandelt sich selbst
die Massenmenschhaltung
der Vororte in ein Eislaufparadies.

Schnee ist ein besonderes Vergnügen,

nicht nur für Tiefkühlware.

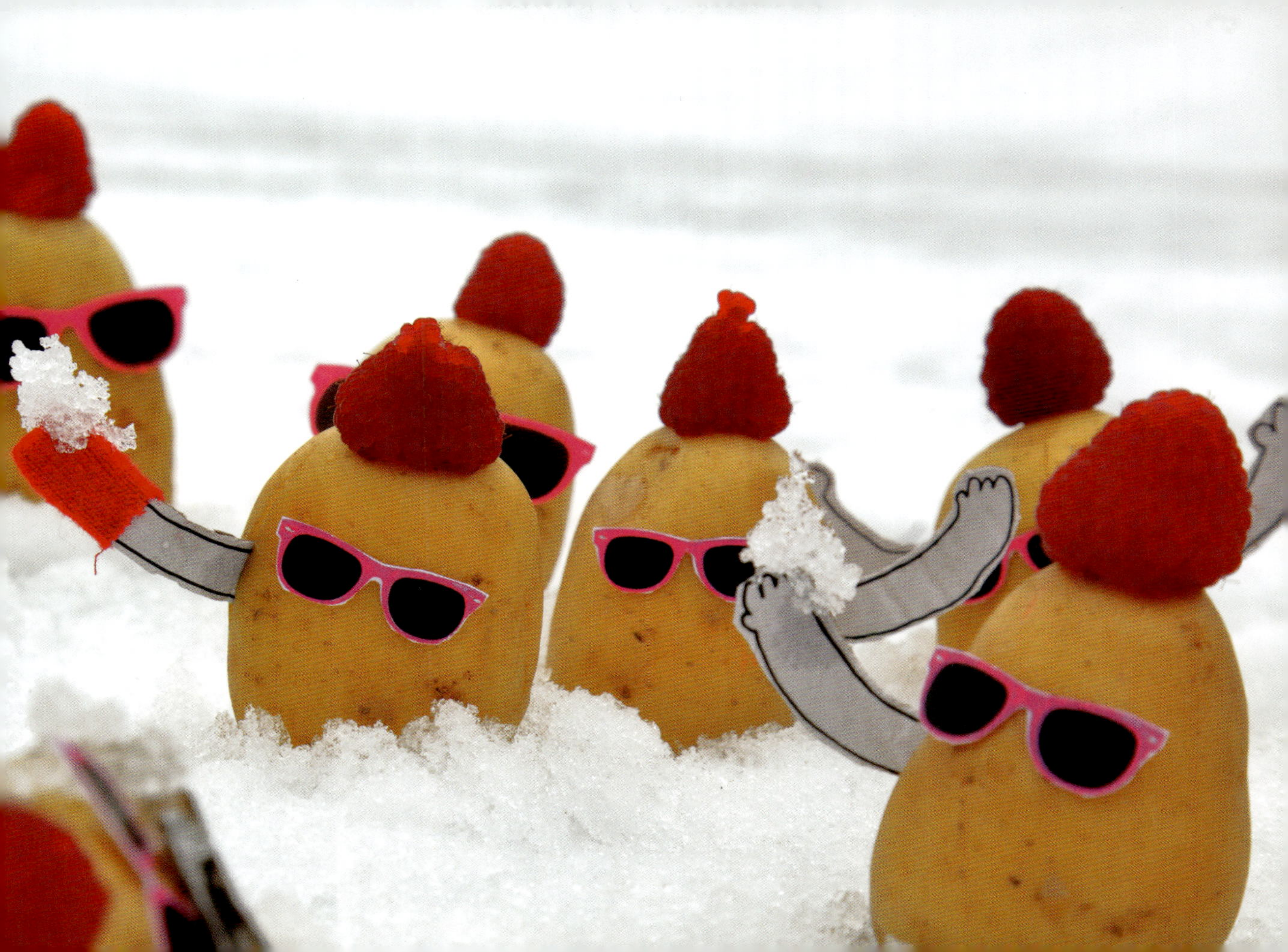

Bohnenski und Snow-Touching machen die
Zugspitze zu einem besonderen Ort
für Kartoffeln aller Nationalitäten.

DANK

Ich möchte mich bedanken bei Jana May Lester, Sophie Kinkel, Claudius Pflug, Joy Chun, Oliver Meske, Angela Gsell, Ralph Schiller, Ursula Pfäfflin und Friedemann Pfäfflin. All diese Personen haben durch ihre Ideen oder ihre Mitarbeit geholfen, dieses Buch Wirklichkeit werden zu lassen.

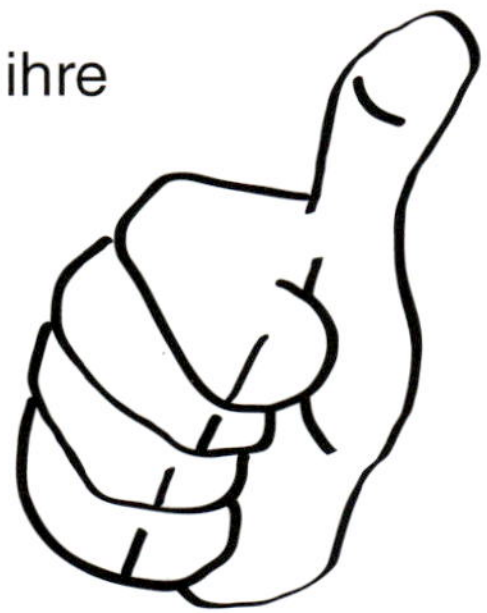

Mehr über unsere Autoren und Bücher:
www.piper.de

MIX
Papier aus verantwortungsvollen Quellen
FSC® C083411
www.fsc.org

Originalausgabe
ISBN 978-3-492-30782-6
November 2017

Umschlaggestaltung: semper smile München
Umschlagabbildung: Robert G. Bartholot
Abbildungen Innenteil: Seite 4, 48, 58, 60, 63, 74, 77, 78, 79, 80, 82, 107, 126, 176, 179, 180 und 190 © Claudius Pflug/Berlin, Seite 204 © Jana May Lester. Alle weiteren Bilder stammen von Vincent Pfäfflin.
Satz: Francesco Di Marzio
Gesetzt aus der Helvetica
Litho: Lorenz & Zeller, Inning am Ammersee
Druck und Bindung: CPI books GmbH, Leck
Printed in Germany